BEI GRIN MACHT SICH
WISSEN BEZAHLT

Daniel Jäger

Die Entwicklung der Informatik zur Wissenschaft

GRIN Verlag

Bibliografische Information der Deutschen Nationalbibliothek:

Die Deutsche Bibliothek verzeichnet diese Publikation in der Deutschen National-
bibliografie; detaillierte bibliografische Daten sind im Internet über http://dnb.d-
nb.de/ abrufbar.

Impressum:

Copyright © 2004 GRIN Verlag GmbH
Druck und Bindung: Books on Demand GmbH, Norderstedt Germany
ISBN: 978-3-640-43184-7

Dieses Buch bei GRIN:

http://www.grin.com/de/e-book/135127/die-entwicklung-der-informatik-zur-wissen-
schaft

GRIN - Your knowledge has value

Der GRIN Verlag publiziert seit 1998 wissenschaftliche Arbeiten von Studenten, Hochschullehrern und anderen Akademikern als eBook und gedrucktes Buch. Die Verlagswebsite www.grin.com ist die ideale Plattform zur Veröffentlichung von Hausarbeiten, Abschlussarbeiten, wissenschaftlichen Aufsätzen, Dissertationen und Fachbüchern.

Besuchen Sie uns im Internet:

http://www.grin.com/

http://www.facebook.com/grincom

http://www.twitter.com/grin_com

TECHNISCHE
UNIVERSITÄT
DARMSTADT

Fachbereich Informatik

S Fachdidaktik der Informatik SS 04

Die Entwicklung der Informatik zur Wissenschaft

von

Daniel Jäger

Inhaltsverzeichnis

1 Einleitung

Die Bezeichnung „Informatik" taucht zum ersten Mal 1957 in einem Leserbrief von Karl Steinbruch an die Zeitschrift Computermagazin auf.

Durch theoretische und praktische Arbeiten verbreitet die Firma Standart-Elektrik-Lorenz (SEL) den Begriff Informatik sehr schnell und hat sogar eine Zeit lang den Rechtschutz auf das Wort inne, gibt den aber schließlich wieder auf. Analysiert man das Wort, so kommt man auf die zwei Bestandteile Information und Automatik. SEL verwendet folgende Definition: „Informatik heißt die von uns entwickelte Technik und Anwendung elektronischer Rechensysteme zur automatischen Verarbeitung von Information in Wirtschaft, Wissenschaft und Technik" (Baumann, 1996, S. 80).

An amerikanischen Universitäten werden zur gleichen Zeit so genannte „Departments of Computer Science" (Baumann, 1996, S. 80) eingerichtet, die vorhandene Forschungsaktivitäten koordinieren sollen. Als auch in Europa die Forschung in dieser Richtung ausgebaut wird, übersetzt die Académie Française den Begriff „computer science" im Jahre 1966 mit „informatique". Von dort ist es nicht mehr weit zum deutschen Begriff Informatik.

1968 wird dieser Begriff anlässlich einer Tagung in Berlin in der Eröffnungsrede verwendet. Die Medien verbreiten das Wort Informatik, so dass es bald in den allgemeinen Sprachgebrauch eingeht. (vgl. Baumann, 1996, S. 80)

Um die Entstehung der Informatik als Wissenschaft einordnen zu können, ist es zunächst notwendig Kriterien, die eine Wissenschaft ausmachen, zu kennen. Anschließend kann die neu entstandene Wissenschaft in das bestehende System der Wissenschaften eingeordnet werden.

Diese Arbeit stellt oben genannte Kriterien von Wissenschaften, die Entstehung des Studiengangs Informatik und damit auch der Wissenschaft Informatik dar, ebenso werden unterschiedliche Sichtweisen zur Einordnung der Informatik in das Wissenschaftsgefüge erläutert.

2 Wissenschaft

Um die Entwicklung der Informatik als Wissenschaft darstellen zu können, ist es zunächst notwendig zu wissen, was eine Wissenschaft ist bzw. welchen Kriterien diese genügen muss. Hierzu gibt es in der deutschen Literatur sehr unterschiedliche Definitionen. „Wissenschaft: [ist ein] geordnetes, folgerichtig aufgebautes, zusammenhängendes Gebiet von Erkenntnissen" (Wissen.de, 2004).

Diese sehr allgemeine Definition ist in jedem Falle zu ergänzen. Sie sagt nichts darüber aus, wie die genannten Erkenntnisse zustande kommen bzw. welchen Kriterien sie genügen müssen.

„Wissenschaft: ... Wissen einer Zeit ... sowie v. a. der Prozess methodisch betriebener Forschung und Lehre ... mit dem Ziel, fachliches Wissen zu vermitteln und zu wissenschaftlichem Denken zu erziehen. Die Wissenschaft beginnt mit dem Sammeln, Ordnen und Beschreiben ihres Materials. Weitere Schritte sind die Bildung von Hypothesen und Theorien. Sie [, die Theorien,] müssen sich am Material bestätigen (Verifikation) oder bei Widerlegung (Falsifikation) durch neue ersetzt werden. ... Die Wissenschaft ... wird traditionell in Natur- und Geisteswissenschaften geschieden" (Brockhaus, 2004).

Diese Definition fügt das Kriterium des planmäßigen, systematischen Forschens und Denkens hinzu. Außerdem sind Lehre und Hypothesen-Bildung wichtige Kriterien. Je nach Gegenstand werden die verschiedenen Wissenschaften anschließend unterteilt.

Die folgende Definition stellt den Zusammenhang zwischen Wissenschaft und Gesellschaft dar.

„Wissenschaft, das ist einer der Versuche des Menschen, sich die Geheimnisse der Welt [und deren Komplexität] zu erschließen. ... Wissenschaft ist deshalb vor allen Dingen ... die planvolle Reduktion von Komplexität ... die um "Störfaktoren" bereinigte Wirklichkeit, die wir untersuchen können. Für Normalsterbliche allerdings sind die Wissenschaften ... immer noch viel zu komplex, als dass sie viel von dem verstünden, was dort getrieben wird. ... Man braucht darüber hinaus auch eine kundige Führung." (*Vierecke, 2004*).

Die wichtigen Punkte dieser Definition sind die Reduktion der Wirklichkeit durch Wissenschaftler, Ausschluss von Störfaktoren bei der Untersuchung der Wirklichkeit und eine Fachterminologie. „Wissenschaftlichkeit heißt Methodik, Vorurteilsfreiheit, Wertfreiheit, Verifizierbarkeit und Verifikation jeder Aussage, Möglichkeit der Kritik" (Wissen.de, 2004).

Diese Definition fügt hinzu, dass Wissenschaftler Experimente so gestalten müssen, dass sie eine Hypothese oder Theorie sowohl belegen als auch widerlegen können. Sie müssen ohne Vorurteile, als objektiver Beobachter, an die Untersuchung heran gehen und eigene Werte außen vor lassen.

Das Verständnis von Wissenschaft wird von der jeweiligen Kultur geprägt. Dies zeigt folgende Definition.

> „Wissenschaft: ursprünglich das systematische Ganze der Erkenntnis (Philosophie des Altertums und des Mittelalters); mit der Ausbildung der neuzeitlichen Naturwissenschaften beginnt die Auflösung des universalen Wissenschaftsbegriffs zugunsten stärkerer Betonung der Einzelwissenschaften." (Fremdwörterduden, 2004).

Im Altertum und Mittelalter wurden alle Wissenschaften unter dem Begriff Philosophie vereint. Dieser unterscheidet sich stark von der heutigen Philosophie, die als selbstständige Wissenschaft einen genau festgelegten Forschungsgegenstand besitzt. Wissenschaftliches Arbeiten gliedert sich heutzutage in viele voneinander abgegrenzte Wissenschaften auf, was allerdings nicht bedeutet, dass nicht Wissenschaftler verschiedener Gebiete zusammenarbeiten können.

Die Kennzeichen von Wissenschaft bzw. wissenschaftlichen Arbeiten lassen sich folgendermaßen zusammenfassen:

- Empirische Forschungsmethoden
- Nachprüfbarkeit bzw. Widerspruchsfreiheit (Verifizierbarkeit, Verifikation)
- Zielgerichtetheit auf den Forschungsgegenstand
- Hypothesen- und Theorienbildung
- Fachterminologie
- Experimente
- Systematik von Erkenntnissen
- Vorurteilsfreiheit
- Wertefreiheit
- Eigener Gegenstandsbereich
- Lehre

Hierbei ist wichtig zu bemerken, dass nicht zwingend alle Kriterien erfüllt sein müssen.

2.1 Systematik der Wissenschaften

Wie in der Definition von Wissenschaft im Brockhaus bzw. Fremdwörterduden festgelegt, gliedert sich die Wissenschaft in verschiedene Disziplinen. Bildet sich eine neue Wissenschaft heraus, wird versucht diese in das bestehende System der Wissenschaften einzugliedern. Traditionell gliedert sich dieses System in Naturwissenschaften und Geisteswissenschaften auf. Erst im Laufe der Entwicklung des Menschen kommen neue Bereiche hinzu.

Die Naturwissenschaft wird als „Wissenschaft von der Natur, ihren Vorgängen u. Erscheinungen" (Fremdwörterduden, 2004) verstanden, ebenso als „Oberbegriff für die Wissenschaft von den Naturerscheinungen und den Naturgesetzen, z. B. Physik, Chemie, Astronomie, Mineralogie, Geologie, Biologie (Botanik, Zoologie, Anthropologie)" (Brockhaus, 2004). Darüber hinaus kann man den „exakten Naturwissenschaften (Physik, Chemie) die vorwiegend beschreibenden Naturwissenschaften (Biologie einschließlich Mikrobiologie und Paläontologie, Geographie, Geologie, Kristallographie u. a.) gegenüberstellen. Aufgabenbereiche der Naturwissenschaften sind vor allem die „zweckfreie Forschung (Grundlagenforschung), die die Naturgesetze sucht, und die angewandte Forschung, die durch Naturerkenntnis zu Naturbeherrschung zu gelangen sucht (z. B. Technik und Medizin)" (Wissen.de, 2004).

Eine Geisteswissenschaft hingegen ist „jede Wissenschaft, die sich mit einem Gebiet der Kultur befasst, z.B. Sprachwissenschaft" (Fremdwörterduden, 2004). Sie befasst sich mit „der geschichtlich-gesellschaftlichen Wirklichkeit, dem objektiven Geist … [Man unterscheidet] einerseits Staat, Gesellschaft, Recht, Erziehung u.a., andererseits Sprache, Kunst, Religion, u.a." (Wissen.de, 2004).

Die Ingenieurwissenschaften sind eine Gruppe von Wissenschaften, die ein den Jahren seid der Industrialisierung entstanden sind und sich mit der „Gesamtheit aller technikwissenschaftlichen Studiengänge, … Dazu zählen u. a. Bauingenieurwesen, Elektrotechnik, Hoch-, Tief- und Maschinenbau, Bergbau- und Hüttenwesen sowie Verfahrenstechnik" (Wissen.de, 2004) befassen.

Diese Aufstellung der einzelnen Wissenschaftszweige ist keineswegs vollständig, soll aber helfen, die nun folgende Einordnung der Informatik in das System de Wissenschaften zu erleichtern.

3 Entwicklung der Informatik

Den Ursprung der Informatik kann man bereits im 16. Jahrhundert erkennen. In den mittelalterlichen Klöstern musste mit einer enormen Menge an Informationen in Form von Büchern umgegangen werden. Diese Informationen mussten verwaltet werden. Im 20. Jahrhundert kamen die ersten Rechenmaschinen und Computer (Bsp. Zuse) hinzu. In den folgenden Kapiteln soll aber nicht der Weg der technischen Entwicklung der Informatik gezeichnet werden, sondern deren Entwicklung zur Wissenschaft.

3.1 Entwicklung an Universitäten und Hochschulen

Die Entwicklung der Informatik von ihren Anfängen bis hin zum wissenschaftlichen Studiengang an (Fach-)Hochschulen erfolgt in mehreren Etappen.

Im Zeitraum vom Ende der fünfziger Jahre bis etwa 1967 wird „Informatik" zunächst als Zusatzausbildung in elektronischer Datenverarbeitung im Wesentlichen für Wissenschaftler in den Bereichen Mathematik, Physik und Elektro- bzw. Nachrichtentechnik an wenigen Universitäten (Darmstadt, Mainz, München, Karlsruhe, Erlangen) angeboten.

Das „Programm zur Förderung der Forschung und Entwicklung auf dem Gebiet der Datenverarbeitung für öffentliche Aufgaben" (Baumann, 1996, S. 81) gibt auf Initiative des damaligen Bundesministers für wissenschaftliche Forschung den Anstoß eine eigenständige Fachdisziplin der Informatik zu schaffen und somit die Datenverarbeitung in allen wichtigen Ausprägungsformen zu fördern. Dieser fordert die Kultusverwaltungen und Hochschulen der Bundesländer dazu auf einen Studiengang Informatik aufgrund einer raschen technischen Entwicklung einzurichten. Dies nahm sich die TU München bereits im selben Jahr zu Herzen. Die Universität Erlangen-Nürnberg folgte im folgenden Wintersemester. Zum Wintersemester 1970/71 wurde bereits an zehn Hochschulen (Bsp. Darmstadt) Informatik studiert werden. Bis 1986 waren es schließlich 22 Universitäten und 27 Fachhochschulen.

Die Studentenzahlen stiegen von 2000 im Jahre 1972 auf 6000 (1976) und 30000 (1986). Dieser Boom hatte zur Folge, dass die Universitäten einen immensen Personalmangel zu verzeichnen hatten und nicht alle Lehrstühle besetzen konnten. Sie warben sich gegenseitig das Fachpersonal ab. Der „Ausbildungsnotstand" wuchs auf 40000 fehlende Informatiker in Wissenschaft und Wirtschaft im Jahr 1989 an, es fehlten etwa 1000 Professoren. Erst zum Wintersemester 1992 konnten genügend Studienplätze zur Verfügung gestellt und Professoren eingestellt werden. (vgl. Baumann, 1996, S. 80f)

3.2 Gesellschaft für Informatik

Auch die Gesellschaft für Informatik hat ihren Ursprung im Ministerium für wissenschaftliche Forschung. Gegründet wurde sie als „Fachbeirat Datenverarbeitung". Ihr kommt die Aufgabe zu, den Bundesminister bei der Planung und Durchführung der ersten DV-Förderprogramme zu beraten. Der Fachbeirat plädiert für die Schaffung des Studiengangs Informatik und gründete im Sommer 1968 einen „Ausschuß zur Einführung des Studiengangs Informatik" (Baumann, 1996, S. 82). „Mit der Planung eines Bund-Länder-

Gemeinschaftsprojekts zur Förderung der Informatikforschung an den wissenschaftlichen Hochschulen" (Baumann, 1996, S. 82) wird der Grundstein zur Gründung der Gesellschaft der Informatik (GI) am 16.9.1969 geschaffen. In der DDR entsteht bereits 1956 die erste Hochschulausbildungsstätte im Fachbereich Mathematik an der TH Dresden. Die Anwendung der Datenverarbeitung wird mittels staatlicher Programme kontinuierlich vorangetrieben. Es werden im Jahr 1969 die ersten Informatiker ausgebildet. Am 1.7.1984 wird die GI-DDR gegründet. Das in Berlin am 3. April 1990 geschlossene Doppelmitgliedsabkommen dient im Rahmen der deutschen Wiedervereinigung als Vorbereitung zur Vereinigung beider Gesellschaften. (vgl. Baumann, 1996, S.82)

3.3 Fächerkatalog

Der Fächerkatalog, wie er 1976 aufgestellt wird, besteht bis heute noch in vielen Bereichen der Informatik. Er gliedert sich in zwei Bereiche:

- Kerninformatik: Theoretische Informatik, Praktische Informatik, Technische Informatik,

- Angewandte Informatik: Anwendungen der Informatik, Gesellschaftliche Bezüge der Informatik, Didaktik der Informatik (die Einrichtung spezieller Lehrstühle wird für überflüssig gehalten),

(vgl. Baumann, 1996, S. 83)

4 Informatik als Wissenschaft

Die Frage nach der Konstitution der Informatik als Wissenschaft stellt sich im Rahmen der Entstehung der Informatik als Fach an Universitäten und Hochschulen. Die Position im Wissenschaftssystem wird maßgeblich von zwei Kriterien beeinflusst. Das erste Kriterium bezieht sich auf eine besondere Art des Wissens, das Wissenschaften innehaben, und somit auf den Geltungsanspruch von wissenschaftlichen Aussagen. Das zweite Kriterium bezieht sich auf die Institution Wissenschaft, „als Praxis von Forschung, Lehre und Anwendung, als Beruf" (Baumann, 1996, S. 86). Das zweite Kriterium sieht Baumann als erfüllt, ob dies vom ersteren auch anzunehmen ist, muss noch untersucht werden.

Hierzu müssen Informatik spezifischer Gegenstandsbereich, Methoden, Ziele, Mittel, Ansprüche auf Geltung der Aussagen und der Unterschied zu anderen Wissenschaften aufgezeigt werden, wie bereits in Kapitel zwei dargestellt wurde. (vgl. Baumann, 1996, S. 86)

Hierzu ein erster Versuch einer Definition von Informatik:

„Informatik ist die Wissenschaft vom Entwurf und der Gestaltung von Informatiksystemen. Darunter versteht man verteilte, heterogene technische Systeme, die Wissen unterschiedlicher Art und Herkunft repräsentieren, diese Wissensrepräsentationen in Gestalt von Daten und Programmen verarbeiten und den Benutzern in geeigneter Form zur Verfügung stellen" (Baumann, 1996, S86).

4.1 Herkömmliche Auffassung

Die Informatik entsteht im Spannungsfeld zwischen Mathematik und Elektro- bzw. Nachrichtentechnik. Bei der Einführung als Hochschulfach soll sie sowohl Grundlagenforschung, als auch ingenieurmäßige Entwicklung von Informationsverarbeitenden Systemen einschließen. Die Informatik gliedert sich in Kerninformatik, was wohl eher der Grundlagenforschung entspricht, und angewande Informatik, die sich auf die jeweiligen Bereiche konzentriert. F.L. Bauer bezeichnet die Informatik als „Wissenschaft von der Programmierung der Informationsverarbeitung ... aber auch als Ingenieurswissenschaft und schließlich sogar als Geisteswissenschaft („wie die Mathematik")" (Baumann, 1996, S. 86). Der Fehler dieser Betrachtungsweise liegt darin, dass Gegenstand, Methoden und Ziele der Informatik nicht als Komplex, sondern einzeln betrachtet und auch verschiedenen Wissenschaftsarten zugeordnet werden. (vgl. Baumann, 1996, S. 86)

4.1.1 Wissenschaft der automatischen Informationsverarbeitung

Verschiedene Institutionen versuchen den Begriff Informatik zu definieren:
Der Studien- und Forschungsführer aus dem Jahr 1984 definiert Informatik als „Wissenschaft der systematischen Verarbeitung von Informationen – insbesondere automatische Verarbeitung mit Hilfe von Digitalrechnern" (Baumann, 1996, S. 87). Eine ähnliche Definition schlägt der Informatik-Duden vor. Informatik ist die „Wissenschaft von der systematischen Verarbeitung von Informationen, besonders der automatischen Verarbeitung mit Hilfe von Digitalrechnern" (Baumann, 1996, S. 87). Auch die amerikanische Association for Computing Machinery kommt zu eine ähnlichen Betrachtungsweise. „The discipline of computing is the systematic study of algorithmic processes that describe and transform information ... The fundamental question ... is What can be (efficiently) automated" (Baumann, 1996, S. 87)? Übersetzt bedeutet dies so viel wie: Die Disziplin der Informatik befasst sich mit dem systematischen Studium von Algorithmen, Prozessen, welche Informationen beschreiben und umwandeln. Die fundamentale Frage lautet, was kann effizient automatisiert werden (Übers. v. Verf.).

Alle Definitionen nennen als Grundkategorie den Begriff Information. Automat und Algorithmus tauchen ebenso überall auf. Der Aspekt, dass sich Informatik mit Konstruktion und Gestaltung wissenschaftlicher Systeme befasst, fehlt allerdings. Lediglich der Studien- und Forschungsführer bemerkt, dass die Konstruktion und Beherrschung „sehr komplexe[r] Systeme zur Informationsverarbeitung" (Baumann, 1996, S. 88) zu den Aufgaben der Informatik gehören. Somit erfassen die oben aufgeführten Definitionen nicht das gesamte Wesen der Informatik.

Die skandinavische Schule der Informatik definiert den Begriff folgendermaßen: „Informatics is the science that has as its domain information processes and related phenomena in ... society and nature" (Baumann, 1996, S.88), was soviel heißt, dass Informatik eine Wissenschaft ist, die ihr (Forschungs-) Gebiet in Informationsprozessen und verwandten Phänomenen in Gesellschaft und Natur hat. Diese Definition ist zu weit gefasst, denn der „Schwänzeltanz der Bienen"(Baumann, 1996, S. 88) gehört beispielsweise nicht zu den Arbeitsgebieten der Informatik. Informatik würde somit zur Universalwissenschaft und alle Informationsverarbeitenden Wissenschaften in sich aufnehmen.

Insgesamt lässt sich feststellen, dass Informatik mehr ist als die Wissenschaft der automatischen Informationsverarbeitung. Es muss folglich nach einer Definition gesucht werden, die das Wesen der Informatik umfasst und klar gegenüber anderen Wissenschaften abgrenzt. (vgl. Baumann, 1996, S. 87f)

4.1.2 Struktur- bzw. Grundlagenwissenschaft

Mit dem Schaffen einer neuen Wissenschaft stellt sich zwangsläufig die Frage, wo man diese in das Gefüge der bestehenden Wissenschaften einordnen kann. Ist Informatik eine Natur-, Ingenieurs- oder Geisteswissenschaft?

Bauer nimmt folgende Einteilung vor. Informatik behandelt von Menschen geschaffene Systeme und Strukturen und ist somit keine Naturwissenschaft, obwohl viele naturwissenschaftliche Erkenntnisse darin angewandt werden. Informatik ist keine Nachrichten- und Rechnermaschinentechnik und somit auch keine Ingenieurswissenschaft. Er kommt zu dem Ergebnis, dass Informatik nicht in die klassische Einteilung der Wissenschaften passt. Am ehesten würde er die Informatik, ähnlich wie die Mathematik, als Strukturwissenschaft einordnen. (vgl. Bauer, 1982, S. 35)

Diese Einordnung trifft das Wesen der Informatik aber auch nicht richtig. Obwohl die Formalisierung als historische Wurzel anzusehen ist, ist Informatik eine materielle Wissenschaft.

Den Ursprung hatte die Informatik, wie bereits oben erwähnt, als Spezialgebiet innerhalb verschiedener Wissenschaften. Heute ist sie nicht mehr nur eine Ansammlung aus wissenschaftlichen Methoden und Regeln, sondern hat sich zu einem eigenständigen zusammenhängenden, theoretisch fundierten Gebiet entwickelt und sich somit zur Grundlagenwissenschaft gemacht. Informatik lässt sich mit Philosophie und Mathematik vergleichen, weil grundlegende Begriffe wie Information, Berechnung, Algorithmus, Sprache, u.ä. neu definiert und mit deren Formalismen in viele andere Wissensgebiete hineinwirkt. Betrachtet man diese Einteilung kritisch muss man zu der Auffassung kommen, dass nur die formalen Wissenschaften Logik und Mathematik, außerdem die Wissenstheorien der Philosophie, grundlegend für andere Wissenschaften sind, „niemals aber eine materiale Einzelwissenschaft wie die Informatik" (vgl. Baumann, 1996, S. 88). Informatik ist folglich weder Struktur- noch Grundlagenwissenschaft. (vgl. Baumann, 1996, S. 88)

4.1.3 Methodenlehre

Aufgrund verschiedener Arbeitstechniken wie zum Beispiel Systemanalyse, Spezifizieren, Arbeitsmethodik, Steuern, Testen und Protokoll wird auch die Auffassung der Informatik als Methodenlehre vertreten. Würde man jeder Wissenschaft, die spezielle Methoden anwendet, als Methodenlehre bezeichnen, hätte jede Wissenschaft diesen Status inne. (vgl. Baumann, 1996, S. 88)

4.1.4 Ingenieurswissenschaft

Der Informatik Duden bezeichnet Informatik als Ingenieurswissenschaft. Sie modelliere, speichere und verarbeite anstelle der Grundelemente Materie und Energie den Rohstoff Informationen. Eine ähnliche Begründung liefert der Studien- und Forschungsführer Informatik 1989. „Informatik ist die Wissenschaft, Technik und Anwendung der maschinellen Verarbeitung ... von Informationen" (Baumann, 1996, S. 89). In einer anderen Definition wird davon gesprochen, dass Informatik etwas schafft, Algorithmen findet und durch Programme beschreibt. Was allerdings nicht betrachtet wird ist, dass Informatik grundlegend andere Theorien als zum Beispiel Elektrotechnik oder Maschinenbau verwendet und somit auf keinen Fall eine Ingenieurswissenschaft im herkömmlichen Sinne ist (vgl. Baumann, 1996, S. 89f)

4.1.5 Fazit

Alle oben genannten Charakterisierungs- und Definitionsversuche erfassen das Fach der Informatik nicht vollständig. Jede beinhaltet gewisse wesentliche Merkmale, ist aber entweder zu weit oder zu eng beschrieben.

4.2 Alternative Sichtweise

Neue Techniken entwickeln sich vor dem Hintergrund eines bestimmten Verständnisses vom Wesen des Menschen und seiner Arbeit. Der Umgang mit Technik führt zu verändertem Handeln und somit der Auffassung vom Menschenbild.

Ein professioneller Auftragnehmer beschränkt die Sicht auf sein professionelles Tun, es wird nur das Artefakt, Werkzeug oder die Dienstleistung beurteilt. Macht dieser sich allerdings klar, dass Menschen sein Produkt als Werkzeug benutzen, urteilt dieser weniger technik- sondern eher humanorientiert. Das Produkt wird zum Mittler zwischen Technik und Mensch bzw. zwischen „innerer" und „äußerer Umgebung". Dieses Mittel an die Umgebung anzupassen ist Gegenstandsbereich der Wissenschaft vom Künstlichen mit der zentralen Aufgabe des Entwerfens. Kennzeichen hierfür sind spezielle intellektuelle Fähigkeiten wie analytisches Vorgehen, Formalisierung, u.a. Hieraus lässt sich eine Gestaltungsorientierte Informatikforschung fordern. (vgl. Baumann, 1996, S. 92)

4.2.1 Informatik als Wissenstechnik

Heute stellt sich die Informatik als Wissenschaft dar mit der Einheit von logisch-mathematischen und technologischen Zielen, Fragestellungen und Methoden. Sie lässt sich somit keinem klassischen Wissenschaftstyp zuordnen und wird am bestens als Technikwissenschaft mit formalwissenschaftlicher Grundlage verstanden. Sie erforscht neue Möglichkeiten im Hinblick auf Entwurf und Gestaltung von Informatiksystemen. Informatik, als Wissenstechnik verstanden, konzentriert sich auf einen disziplinären Kern, der von Anwendungsgebieten umgeben ist. Folgeprobleme der Informatik werden allerdings nicht, wie man schlussfolgern könnte, an andere Fachdisziplinen abgeschoben, sondern ebenfalls von der Informatik selbst behandelt. Menschenwürdige Arbeits- und Lebensverhältnisse und die Herstellung einer intakten ökologischen Umwelt sind ebenfalls Gegenstandsbereich der Informatik. (vgl. Baumann, 1996, S. 94)

4.2.2 Informatik und ethisch-politisches Wissen

Wissenschaft und Technik ermöglichen die Verbesserung der Lebensmöglichkeiten des Menschen, bieten allerdings auch die Möglichkeit des Missbrauchs und können somit zu einer

Verschlechterung der Lebensqualität führen. Spätestens seit der Aufklärung stehen traditionelle Normen und Werte auf dem Prüfstand und werden kritisch hinterfragt. Ein deutliches Beispiel hierfür ist an der Wertigkeit der Religion zu erkennen. Selbst wenn Normen allgemein anerkannt sind, bedeutet dies nicht, dass sie auch eingehalten werden. Auch die Informatik ist vor dem Missbrauch nicht sicher. Als Beispiel wären hier Hacker oder Programmierer von Viren und Würmern zu nennen. Die Probleme der Informatik bzw. Wissenstechnik lassen sich in fünf Kategorien einteilen:

- Gesundheit: Schäden durch die Dauerarbeit am Bildschirmarbeitsplatz (Bsp. Haltungsschäden, Überbelastung der Augen, elektromagnetische Wellen)

- Gesellschaft: Eingriff der Datenverarbeitung in die Privatsphäre des Einzelnen (Datenschutz), soziale Isolierung/Vereinsamung des Individuums (Bsp. Veränderung des Sozialmilieus durch Bildschirmarbeitsplätze, Heimarbeit)

- Kultur: Veränderung der Sprache (z.B. durch die Verwendung von Textverarbeitungsprogrammen) bzw. des Verhältnisses zur Sprache

- Psyche: Veränderung der Denk- und Sprachkompetenz und der Selbstwahrnehmung des Menschen

- Umwelt: Auswirkungen und Voraussetzungen im Hinblick auf die natürliche Umwelt des Menschen

(vgl. Baumann, 1996, S. 96f)

4.3 Aktuelles Verständnis von Informatik

Unter Informatik versteht man heute die „Wissenschaft von den elektronischen Datenverarbeitungsanlagen u. den Grundlagen ihrer Anwendung" (Fremdwörterduden, 2004). Der Brockhaus gibt eine umfassendere Definition der Informatik. Sie ist die „Wissenschaft von der automatischen Daten- bzw. Informationsverarbeitung mithilfe von Computern, insbesondere dem Entwurf und der Formulierung von Algorithmen in Programmiersprachen sowie ihrer physikalischen Realisation. Man unterscheidet u. a. theoret[ische]. (z. B. Automaten-, Codierungstheorie), techn[ische]. (z. B. Rechnerorganisation, -netze), prakt[ische]. (z. B. Betriebssysteme, Datenbanken) und angewandte I[nformatik]. (z. B. Wirtschafts-, Medizin-I.)" (Brockhaus, 2004).

Die Informatikwissenschaft ist folglich die „Wissenschaft, die sich mit Problemen der Information u. Dokumentation sowie mit der Klassifikation von Wissensgebieten beschäftigt" (Fremdwörterduden, 2004).

5 Zusammenfassung

Im Gegensatz zum mittelalterlichen Verständnis von Wissenschaft, als man unter Philosophie alle „wissenschaftlichen" Disziplinen zusammenfasste, geht man heutzutage von einem stark differenzierten System der Wissenschaften mit unterschiedlichen Disziplinen aus. Wissenschaft bzw. wissenschaftliches Arbeiten zeichnet sich durch bestimmte Kriterien aus. Die wichtigsten sind eine eigene Systematik von Erkenntnissen, Nachprüfbarkeit der Hypothesen und Theorien, fachspezifische Forschungsmethoden und ein spezieller Gegenstandsbereich.

Die Entwicklung der Informatik als Wissenschaft begann bereits im Mittelalter, als große Mengen an Büchern in den Klosterbibliotheken verwaltet werden mussten. Durch die rasche technische Entwicklung von Computern im 20. Jahrhundert wurde der Umgang mit der Datenverarbeitungstechnik zunächst als Nebenfach in einigen Studiengängen angeboten, bevor es in den 60er Jahren zu einem eigenständigen Studiengang der Informatik kam. Der anfängliche Boom führte dazu, dass es an den Universitäten zu einem erheblichen Personalmangel kam. Dieser konnte bis etwa 1990 ausgeglichen werden.

Den Anstoß zur Einrichtung eines eigenständigen Studiengangs Informatik gab 1967 das Ministerium für wissenschaftliche Forschung. Die Gesellschaft für Informatik entstand ebenfalls aus dieser Initiative heraus und hatte großen Anteil an der Etablierung des Studiengangs.

Bei der Einordnung der Informatik in das bestehende Wissenschaftssystem tat man sich recht schwer. Im Laufe der Zeit wurde Informatik den Grundlagenwissenschaften (wie Mathematik), Ingenieurswissenschaften (Bsp. Bauingenieur), Naturwissenschaften (Bsp. Biologie) und sogar den Geisteswissenschaften (Bsp. Pädagogik, Religion) zugeordnet. Bei allen diesen Zuordnungen wurde aber nur ein Teil der Informatik erfasst. Heute ordnet man die Informatik keinem der bestehenden Bereiche zu, sondern gibt ihr eine Sonderstellung, welche als Wissenstechnik bezeichnet wird.

6 Literaturverzeichnis

Bauer, W. (1984). *Studien- und Forschungsführer Informatik*. Berlin: Springer.

Baumann, R. (1996). *Didaktik der Informatik* (2. Aufl.). Stuttgart: Klett.

Brockhaus. (2004). Abgerufen am 16. Juni 2004 von http://www.brockhaus.de.

Fremdwörterduden. (2004).

    http://www.xipolis.net/2f27ed7b9e610432d69ae5519475ecd4e/suche/abstract.php?sho

    rtname=felix&artikel_id=78746.

Gesellschaft der Informatik (2004). Abgerufen am 16. Juni 2004 von http://www.gi-

    ev.de/informatik/was_ist_informatik/index.html.

Vierecke, A. (2004). Abgerufen am 16. Juni 2004 von

    http://www.wissen.de/xt/default.do?MENUNAME=Suche&SEARCHTYPE=topic&q

    uery=wissenschaft.

Wissen.de. (2004).

    http://www.wissen.de/xt/default.do?MENUNAME=Suche&SEARCHTYPE=germand

    ict&MENUID=40%2C95%2C504&query=informatik&rts0=7&rts1=9&rts2=8.